AF262281

ÉLOGE HISTORIQUE

ET FUNÈBRE

DE LOUIS XVI,

ROI DE FRANCE,

Prononcé dans une Ville de Province le jour de l'anniversaire de sa mort, arrivée le 21 Janvier 1793.

Par Jean-Bruno FOREST, ancien Militaire, Membre de l'Athénée de Paris, Archiviste de la Société royale d'Agriculture de Toulouse.

Incedo per ignes supositos cineri doloso.

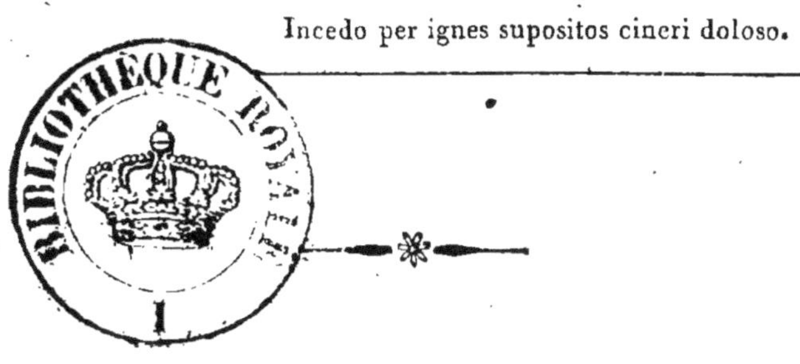

A TOULOUSE,

Chez BENICHET cadet, Imprimeur-Libraire, rue de la Pomme, N.° 139.

AVEC PERMISSION.

AVANT-PROPOS.

Lorsque je présentai pour la première fois cet éloge funèbre aux fidèles amis de Louis , je n'avais pas la prétention de le transmettre au Public ; je ne parlais qu'aux Français qui partageaient ma douleur , mes larmes et mes regrets ; je n'avais d'autre but , d'autre pensée que d'éterniser la mémoire de cet auguste Prince , qui a souffert tant d'indignités inouies , dont la plupart étaient inconnues à son peuple éloigné de la Capitale.

J'étais bien loin de prévoir qu'en manifestant mes vrais et sincères sentimens , je serais enveloppé dans une cruelle proscription , qu'on m'arracherait à la société pour me jeter dans les prisons où j'ai resté quinze mois , menacé à chaque instant de perdre la vie , et qu'on finirait par m'ôter mon état , ma place et ma fortune.

Revenu de cette longue agonie , j'osais reprendre mon projet , croyant d'avoir échappé au fer des assassins et des bourreaux , lorsqu'un cruel usurpateur , qui était intéressé à étouffer jusqu'à l'idée de ce crime abominable , s'emparant de l'autorité , changea la face de la France , et comprima de plus fort ma pensée.

Mais aujourd'hui que les cieux sont ouverts , que le calme a succédé à cette horrible tempête , que la France , par le secours des puissances étrangères , s'est délivrée de tous les malheurs qui l'environnaient , et qu'enfin l'auguste famille des Bourbons va monter sur le trône , qu'elle n'aurait dû jamais quitter , je vais reprendre ma tâche , et je m'élance dans le volcan révolutionnaire

A

pour en éteindre les laves infectes et ensanglantées par ces antropophages.

Ce n'est pas pour les bourreaux que j'écris, mais c'est une consolation de parler de ce qu'on aime ; des plumes éloquentes ont tracé de toutes parts cette horrible catastrophe, en ont dévoilé les causes, sont entrés, la torche funéraire à la main , dans le repaire de ces brigands : mais moi , guidé par ma vénération , par mon attachement pour la mémoire de ce Prince infortuné , que j'ai servi pendant mes jeunes années , je ne veux parler que de lui , que de sa bonté , de sa sensibilité , de sa bienfaisance , et de toutes les vertus qui lui ont mérité l'immortalité.

Je monte au haut du rocher , je contemple ces montagnes d'ossemens , cet amas de ruines qui ont converti la France en un vaste cimetière ; je vois les fleuves de sang qui ont coulé depuis sa mort , et je me plais à en répéter l'événement aux ames honnêtes et sensibles , pour qu'il ne sorte jamais de leur mémoire ; que ceux que le seul titre ne frappe pas , ferment le livre ; il n'est pas écrit pour eux (*).

Misericordia Domini descende super me.

Dieu de bonté et de miséricorde , aide-moi de tes lumières pour suppléer à mes faibles talens : fille du ciel , imposante vérité , viens te placer sur mes lèvres , sans crainte que ma pensée comprimée par la fureur des brigands arrête ma plume teinte encore du sang du meilleur des Rois.

(*) Cet éloge aurait pu paraître plutôt et plus à propos, si on n'avait été obligé, *pour se conformer aux regles de l'imprimerie*, de l'envoyer à Paris pour y être censuré, ce qui a occasionné un retard de trois semaines, et qui n'a été réparé que par la vigilance de Monsieur le Préfet de Toulouse.

ÉLOGE FUNÈBRE

ET HISTORIQUE

DE LOUIS XVI,

ROI DE FRANCE.

EXORDE.

Quels accens lugubres font retentir cette voûte sacrée, éclairée par cette lampe funéraire qui brûle dans le silence au milieu du tombeau de Louis (*).

Quel est le téméraire qui ose troubler les cendres précieuses de ce Monarque infortuné, qui repose dans le sein de la Renommée et de l'éternité ?

Cette faible voix, quoique animée du feu du sentiment, peut-elle espérer de se faire entendre dans cette vaste solitude du crime, et dans ce siècle de fer où les méchans ont rendu la nature muette et glacée ?

Grand et vertueux Prince, pardonne à l'ami de l'humanité si, du fonds de ta demeure éternelle, tu entends prononcer encore ton nom respectable sur cette terre ensanglantée ; tu vis toujours dans le cœur des bons Français que tu as tant aimé ; ils viennent jeter des fleurs annuelles sur ta tombe ; ils gémissent sans

---

(*) Une lampe brûlait nuit et jour dans le caveau de l'Eglise de Saint Denis, où étaient enterrés les Rois de France ; les brigands l'avaient éteinte pour assouvir leur férocité ; ils en avaient dispersé les ossemens pour en partager les dépouilles ; ce monument antique a été rétabli depuis peu ; plusieurs Evêques respectables ont été choisis pour veiller à sa conservation.

cesse sur ce jour d'opprobre et de mort auquel le soleil aurait dû cacher son flambeau, et où tous les élémens confondus auraient dû donner, en se choquant, l'idée de la destruction et du cahos.

I.re PARTIE.

DEPUIS plus de quatorze siècles le royaume de France s'était conservé d'âge en âge dans la même race, et cependant s'était transmis à la branche collatérale lorsque la ligne directe avait manqué. Louis, seizième de nom, était le soixante-septième Roi de France.

Ce digne et illustre rejeton du grand Henri IV nâquit le 23 Août 1754 de Louis, Dauphin de France, et de Marie-Joseph de Saxe, fille du Roi de Pologne.

Il fut nommé le duc de Berry pour le distinguer du duc de Bourgogne son frère aîné ; il reçut de la nature tous les dons qui pouvaient embellir son existence.

Les plus grands hommes et les plus beaux génies furent appelés pour présider à son éducation, pour former son cœur, pour orner son esprit ; son enfance fut marquée, par les dispositions les plus heureuses, à vouloir tout apprendre, tout approfondir ; il fut élevé avec son frère, dont le génie éclatant et prématuré intimidait le sien, et le rendait très-méfiant de lui-même ; faiblesse qu'il ne lui fut jamais possible de vaincre dans la suite, et que ses instituteurs auraient dû lui éviter.

La mort inopinée du duc de Bourgogne, qui aurait été le flambeau de son siècle, fit que le duc de Berry se trouva l'aîné de la famille du Dauphin ; dès-lors il fut confié à l'Evêque de Limoges et à M. de Lavoguion.

Empressé sans cesse de s'instruire, il fit des progrès non-seulement dans les sciences, mais même dans les arts, qu'il voulut apprendre pendant le loisir de ses récréations.

Il avait déjà onze ans révolus lorsqu'il perdit Monseigneur le Dauphin son père ; quinze mois après il perdit Madame la Dauphine sa mère ; tous deux avaient regardé comme le devoir le plus sacré, celui de veiller à l'éducation de leurs enfans ; ils leur avaient appris d'être bons, humains, justes, généreux et religieux.

La mort les surprit au milieu de leur ouvrage ; et lorsqu'on vint saluer M. le duc de Berry sous le nom de Monseigneur le Dauphin, ses larmes inondèrent son visage, présage bien étonnant de la sensibilité et de la modestie la plus extraordinaire.

Devenu Dauphin de France par la mort de son père et de son frère aîné, il n'en eut pas moins le même goût pour ses études, la même assiduité pour ses exercices ; les courtisans se pressèrent autour de lui, cherchèrent à lui plaire, mais ne le devinèrent pas. Je ne m'étendrai pas sur les honteux manèges, sur les lâches ruses qu'ils mirent en usage pour l'enlacer dans leurs filets ; la connaissance de son mérite était au-dessus d'eux ; ils l'appelèrent du nom de *bon Prince* à raison de sa simplicité ; mais ils ne savaient pas qu'il passait les nuits à étudier, tantôt la Géographie qu'il gravait dans sa mémoire, tantôt l'Histoire des voyages qui lui apprenait la différence des mœurs, des coutumes, les langues des différens peuples de la terre, faisant des extraits de toutes ses lectures, joignant les Mathématiques, les Belles-Lettres aux Langues latine et anglaise qu'il parlait avec grâce et facilité.

Son dévouement pour les mœurs, sa soumission à la foi de ses pères, son attachement et son respect pour les pratiques de la Religion catholique, l'exposèrent souvent à la critique des nouveaux Philosophes, qui cherchaient à introduire leur funeste doctrine ; mais il n'én adopta pas pour cela leurs systèmes ; pieux sans ostentation , religieux par principe , ennemi des jeux et des spectacles, méprisant la flatterie , abhorrant l'imposture , il n'ouvrit pas son cœur aux plaisirs bruyans et séducteurs qui environnent les palais des Rois ; son laboratoire était le seul lieu de ses délassemens , et c'est ainsi qu'il passa les quatre années qui s'écoulèrent depuis la mort de son père jusqu'à son mariage.

La politique qui préside aux alliances des Rois , chercha à resserrer , par des liens indissolubles , les maisons d'Autriche et de Bourbon , dont la rivalité avait si long-temps occasionné les guerres les plus sanglantes : Marie-Antoinette , fille de Marie-Thérèse d'Autriche et sœur de Joseph , Empereur d'Allemagne, fut celle sur qui on jeta les yeux ; elle n'avait pas atteint sa quinzième année , et Louis venait de les finir lorsqu'on unit leur destinée.

Quelles magnificences accompagnèrent cette auguste cérémonie ! Qu'ils ont été courts ces temps heureux, où tout retentissait du concert des louanges et des bénédictions ! Quels jours d'alarmes et de deuil ont succédé à ces fêtes , à ces réjouissances ? Quels souvenirs lugubres faut-il faire revivre pour rappeler les malheurs qui s'en sont suivis !

Dans la même enceinte où tous les Français se pressaient en foule pour jouir de la vue du Monarque et de son auguste Compagne , se sont rendus les bourreaux pour leur déchirer le flanc , et les faire périr de la mort la plus ignominieuse. Mais laissons au burin de l'Histoire le soin d'en graver les détails ; suivons seulement le jeune Monarque dans sa vie privée , et ne parlons que de ses qualités , de ses vertus et de sa tragique destinée.

Ces deux époux encore enfans jouissaient de toutes

les grandeurs qui accompagnent les successeurs du trône ; mais ils en méprisaient le faste et la pompe ; ils préféraient la simplicité , la bonhomie à toutes les cérémonies qu'exige l'étiquette ; ils ne voulaient être environnés que de la seule affabilité ; ils ne connaissaient d'autre bonheur que celui d'être aimé de leurs sujets ; ils faisaient le bien sans éclat ; ils quittaient quelquefois leurs lambris dorés pour pénétrer dans les réduits qu'habitait la misère , et donnaient à ces courses clandestines le nom de bonne fortune.

Cette popularité si nouvelle , et si différente de tout l'appareil de la majesté royale , fut interprétée par les courtisans avec malignité , et nuisit dans les esprits faibles au respect qu'on devait au successeur de Louis XV.

Louis cherchant à plaire à son auguste Compagne , voulait s'en rendre digne par des nouvelles connaissances , et par les études les plus sérieuses. Environné de ses cartes géographiques , il parcourait les mers , il se transportait dans les régions les plus inconnues ; il jouissait de la plus petite découverte ; il puisait dans l'histoire les traits les plus saillans des grands hommes pour lui servir de modèle , et il cherchait par tous les genres d'instruction les moyens de mériter avec éclat la couronne à laquelle il était appelé.

A la mort de Louis XV , qui arriva dans le mois de Mai 1774 , il n'avait que vingt ans , et en montant sur le plus beau trône de l'univers , l'éclat de tout ce que la grandeur a de plus magnifique , de plus brillant , de plus somptueux , n'éblouit pas ses yeux , ne changea pas son cœur.

Occupé principalement de faire le bonheur de ses sujets , et ne se sentant pas assez de force , d'expérience pour y parvenir , il s'empressa de chercher un savant assez sage pour le conduire , assez habile pour l'éclairer dans le dédale du mensonge et de la flatterie qui se trouve toujours dans les palais des Rois : il rappela le comte de Maurepas , qui avait été exilé du ministère sous le règne précédent pour une faute assez légère , et dont la famille royale ne lui avait jamais su mauvais gré (*).

Rien de plus important que le choix d'où dépendaient les plus grands biens à faire et les plus grands maux à réparer ; car déjà la Cour n'était malheureusement que trop infectée sous le règne de Louis XV de ces hommes adroits , prévenans , ambitieux , qui ne vivaient que des abus et des désordres , qui sous un vernis séduisant introduisaient tous les vices , corrompaient tous les cœurs , et transformaient la majesté du trône , et l'étiquette de la Cour en un boudoir scandaleux rempli d'intrigues et de plaisirs.

« Maurepas avait acquis dans sa retraite la considération que donne le malheur ; mais il n'avait pas gagné du côté de la solidité et de la consistance dans le caractère ; naturellement faible et indolent , aimant ses aises et son repos , voulant tout mener sans bruit et sans éclat : il était trop occupé de lui-même pour s'occuper du bien public , *ce qu'il regardait comme une jactance ou comme une duperie* ; son ambition se borna à se maintenir dans l'ascendant qu'il avait sur l'esprit du Roi , dont le fonds du caractère était la franchise et la bonté , et qui était disposé à recevoir toutes les impressions du bien : altéré de la soif de la justice et de la vérité , il avait besoin d'un meilleur guide , qui n'avait que les agrémens d'un homme du monde et les talens d'un homme de Cour.

(*) Maurepas avait dit publiquement que Madame de Pompadour devait aimer beaucoup les fleurs , puisqu'elle en portait toujours sur elle.

Ils vécurent donc l'un et l'autre dans une indolente sécurité, laissant la coupe du pouvoir dans des mains infidèles, qui ne songèrent qu'à se gorger de richesses, et qui, en détruisant toutes les ressources de la circulation et de la confiance, plongèrent insensiblement le royaume dans la plus affreuse détresse.

Dix années s'écoulèrent dans cette léthargique indolence du gouvernement, pendant lesquelles ils comptèrent toujours sur les forces naturelles du royaume pour se rétablir, craignant de l'ébranler en voulant corriger ses vices et ses abus.

L'abbé Terrai était le ministre de Louis XV, plus propre à la chicane du palais qu'au maniement des finances ; il fut remplacé par Turgot, qui était à la tête des *Economistes* dont il avait fait une secte ; mais Maurepas lui trouva de la roideur, lui attribua des mal-adresses ; peut-être craignait-il d'en être supplanté ; après deux ans d'un exercice pénible il le fit renvoyer.

M. *de Clugny* lui succéda, qui mourut au bout de quatre à cinq mois, après un pillage de plus de vingt-quatre millions au milieu de ses compagnons et de ses filles de joie.

Taboureau vint après lui en honnête homme ; mais il s'avoua lui-même incapable d'y rester.

L'empirique *Neker*, ce Genevois si diversement célèbre, plus propre à une spéculation de commerce qu'au maniement des affaires publiques, fut appelé, en sortant de la poussière du comptoir, à la direction générale des finances ; ses prétentions n'allaient à rien moins qu'à vouloir s'asseoir sur les degrés du trône, et le Roi, plein de bonté, de douceur, de confiance, croyait trouver quelque ressource dans cet alchymiste étranger ; Maurepas s'en aperçut ; il lui suscita des piéges dont il ne se défiait pas ; il demanda sa retraite.

MM. *Fleury*, *d'Ormesson*, *Sartine*, *Castrie*, *Miromenil*, *Montmorin*, *Fourqueux*, *Lamoignon*, *Breteuil*, se succédèrent tour à tour, en se détruisant l'un par l'autre pendant l'espace de dix années bien pénibles pour le Roi, témoin de toutes leurs malversations qu'il cherchait d'éviter ; les uns corrompaient les mœurs par la doctrine qu'ils voulaient introduire, tolérante pour toutes sortes de sectes ; les autres confondaient toutes les idées de finance, toutes les notions du gouvernement par leurs rêveries sur l'économie politique et leur stupide opiniâtreté à les maintenir.

C'est de cette confusion de ministres, et de la rapidité avec laquelle ils se succédèrent, que nâquirent les faux échanges, les cessions onéreuses, les ventes simulées, les bénéfices clandestins, les faveurs surprises, et la dilapidation totale des finances.

L'imprudent Calonne leur succéda en 1789 ; il mit son art à écarter tout ce qui pouvait faire apercevoir le *déficit*, qui était, selon certains, un jeu d'enfant, et pour d'autres une mine d'or ; de la gaieté, de l'enjouement, l'art de plaire, les grâces de son accueil, les charmes de son langage, nul embarras pour le présent, nulle inquiétude pour l'avenir, donnèrent une tranquillité momentanée au jeune Monarque, qui, dans les élans de son bon naturel, croyait voir dans ses mains la corne d'abondance, et qui, au bout de trois ans de ce riant et mensonger ministère, fut cruellement détrompé lorsque le secret de la ruine de l'état fut révélé.

Le trésor était vide, le crédit et la confiance achevaient de se détruire, les moyens factices et dispendieux qui venaient de s'employer sous ces différens ministres produisirent une baisse considérable dans les effets, au point que la suspension des paiemens devenait indispensable.

Calonne proposa au Roi d'assembler les Notables de

son royaume, pour aviser aux moyens d'éviter la prochaine banqueroute.

Cette Assemblée fut ouverte en Février 1787'; les Notables, qui étaient du nombre de ceux qu'allaient frapper les nouveaux impôts, rejetaient ces projets, en les regardant mauvais, impraticables, inadmissibles ; cependant le *déficit* n'était que de cent quinze millions. Si les *Magnats* du royaume avaient voulu dire un mot, que de maux ils auraient évités à la France ! combien ils auraient changé facilement le cours de ses funestes destinées !..... *Calonne* fut renvoyé ; la Reine désigna *Brienne*, Archevêque de Toulouse, qui fut accepté, quoique le Roi trouvait son caractère inquiet et ambitieux.

Ce nouveau ministre, ramassant les débris du naufrage de tous ses prédécesseurs, présenta les édits du timbre et de l'impôt territorial pour toute ressource, les Parlemens prirent la résolution de les rejeter avant même qu'on les leur eût envoyés ; celui de Paris se vit forcé, dans un lit de justice tenu à Versailles, de les enregistrer ; mais le lendemain il déclara que la transcription était nulle, illégale, arrachée par la force et par la violence ; *Brienne* fit transférer le Parlement à Troyes, et les autres Parlemens furent mis en vacances.

Malgré tous ces lits de justice, qui n'étaient qu'un despotisme déguisé sous des avantages spécieux, le cours de la justice suspendu excitait dans tout le royaume un murmure universel.

Il y avait en outre dans Paris une masse de peuple qui, observant d'un œil envieux et chagrin les jouissances qui environnent la classe privilégiée, souffrait impatiemment de n'avoir en partage que le travail et la pauvreté, et qui, dans l'espérance de quelque changement, était prêt à accourir au premier signal du désordre , et au premier factieux qui lui promettrait un sort plus doux ; c'est de cette portion de peuple dé-moralisé , c'est par ce vil ramas de vagabonds sans mœurs, sans état, sans aveu , qu'on appelle le peuple souverain , que furent impunément commis tous les excès de la plus grossière licence.

II.e PARTIE.

Jusqu'ici j'ai parcouru les premières années de Louis XVI , en ne trouvant sur sa route que des traits honorables , des actions précieuses , des faits héroïques qui peignaient son cœur et ses vertus ; mais qu'elle est affreuse et pénible la tâche qui me reste à remplir ! L'horison s'est rembrunie , l'orage se forme , je ne vois sur la scène que des scélérats , des monstres , des traî-tres , des hommes de boue , des tyrans féroces d'orgueil, haletant de la soif des richesses et de la domination , qui , en montant de crime en crime , ont répandu la désolation et le deuil sur la Patrie.... Qu'importe ? ils ne sont plus qu'une vile poussière , chargée de la ma-lédiction des passans , ils appartiennent à l'histoire gé-nérale du siècle , qui gravera sur leur front homicide le sceau de la réprobation.

Pour moi je ne dois parler que de Louis , je dois le suivre au milieu de ces événemens qui se sont pressés avec tant de rapidité , qu'il a souffert avec tant de constance, tant de fermeté : je dois mettre au grand jour la sensibilité de son ame , l'excellence de son ca-ractère , la tendresse de ce cœur infortuné dont il n'a jamais sorti la moindre plainte , le moindre reproche ; pour y parvenir , je serai forcé , malgré moi , d'entrer dans des détails , de parler des hommes dont ma plume se refuse de tracer le nom ; mais il est indispensable de ne pas rappeler les faits principaux qui ont éprouvé sa constance, qui lui ont valu la palme du martyre, et qui font connaître la sensibilité de son ame, la grande tendresse de son cœur pour la portion de ce peuple ingrat qui l'a précipité dans l'abîme.

Le génie du mal avait vomi sur la terre, pour la ruine de son pays, un prince, livré de bonne heure aux plaisirs les plus turbulens, qui, se trouvant à la séance royale où les édits furent enregistrés, protesta contre l'inscription forcée de ces édits, en présence du Roi : cette protestation fut suivie de celle des Pairs ; le Roi fut forcé de l'exiler à Villers-Coterets ; c'est là où il conçut le projet funeste de se venger de cet affront, et de renverser le trône pour s'asseoir ensuite sur ses débris ensanglantés ; de là nâquit cette lutte cruelle entre le tiers-état dont il prit la défense, contre le clergé et la noblesse qui s'opposait à l'exécution de ces édits, les uns par avarice, les autres par ignorance.

Les Parlemens furent rappelés à leurs fonctions, mais leur influence intermédiaire fut plus nuisible qu'utile aux mesures que la Cour voulait prendre pour rétablir l'équilibre ; ils prirent le parti du peuple pour balancer l'autorité royale qui avait osé les punir, et tous les excès de la plus grossière licence qui se passait sous leurs yeux restèrent impunis. Cet exemple pernicieux provoqua l'insurrection et la révolte ; les écrits les plus séditieux inondèrent les murs de Paris ; on y censurait la conduite du Monarque, qui, dans ces événemens de désordre, ne laissait échapper aucun mouvement d'inquiétude, mais qui gémissait au fonds de son palais de Versailles sur la situation critique de son royaume, qu'il croyait toujours rétablir par sa douceur inaltérable, et par cette patience stoïque dont il eut tant de besoin dans les différentes épreuves que ses malheurs ont graduellement fait naître.

Le premier essai que cette classe exécrable d'hommes

endurcis de longue main à tous les crimes , le rebut du genre humain , fut de se diriger sur Versailles sous quelque prétexte frivole ; ils pénètrent hardiment dans les cours , ils forcent les appartemens , ils massacrent les gardes qui veillaient à la sûreté de Sa Majesté ; ils portent leurs mains sacrilèges jusques dans les lits du Monarque , en vomissant les injures les plus atroces et les menaces les plus effrayantes.

Un mot aurait suffi pour détruire ce premier ferment du crime et de la révolte ; quarante mille hommes de troupes réglées , fidèles , soumises , *et qui avaient l'honneur et la gloire pour guide* , campaient auprès de Versailles ; mais il fallait répandre du sang et le sang de ses sujets ; Louis en était avare , sa bonté ordinaire le portait toujours à la clémence , avec le calme d'une conscience sans reproche ; il fait retirer ses troupes et s'expose à la fureur de cette populace effrénée ; il cherche par sa douceur , par son affabilité , de ramener ces conjurés , et s'offre enfin de les suivre à Paris , avec toute son auguste famille , pour vivre au milieu de ce peuple qu'il chérissait.

Prince infortuné ! combien tu étais loin de prévoir où t'entraînait cette démarche dictée par la bonté de ton cœur , qui donnait à ces révoltés la mesure de leur force et l'impunité de leur audace ! le premier pas , qui est celui qui coûte toujours le plus , les enhardit , et dès ce moment l'autorité royale fut méconnue , et toutes les branches de l'administration languirent dans le désordre , le relâchement et la cabale.

Si j'écrivais l'histoire de la révolution , je déroulerais tous les mouvemens qui l'ont suivie ; mais je n'ai à parler que des malheurs arrivés à la personne sacrée du roi ; et si je suis obligé de m'en écarter quelquefois par des épisodes , c'est toujours pour revenir à mon objet.

Louis, retiré au palais des Tuileries, restait encore environné d'un fantôme de grandeur et de puissance ; mais réduit à fort peu d'amis et à quelque courtisan qui le trahissait, et déchiré par le tableau des misères et des malheurs qui s'étendaient sur la France.

Tantôt il apprenait que les châteaux de ses gentils-hommes étaient pillés et brûlés, et qu'errans de caverne en caverne, et désespérant de trouver dans leur patrie une pierre hospitalière pour reposer leur tête, ils étaient obligés de fuir dans une terre étrangère pour y supporter le fardeau de la vie.

Tantôt il découvrait la persécution inouie qu'on exerçait envers les ministres de la religion catholique, qu'on poursuivait comme des bêtes fauves dans l'épaisseur des bois, sur le sommet des rochers, et qu'on massacrait impitoyablement, parce qu'ils étaient fidèles à leur Dieu et à leur devoir.

Insensiblement la France se convertissait en une vaste Bastille, où l'on renfermait tous les hommes honnêtes qui témoignaient quelque résistance à la volonté de ces nouveaux gouvernans, et qui auraient pu s'opposer aux projets sanguinaires qu'ils méditaient. Et quoique Louis vécût dans un calme apparent, qui était celui des volcans, que ses pas fussent encore semés d'applaudissemens et de marques de sensibilité, on lui tendait tous les jours toute sorte de pièges, et on le forçait à faire des fautes pour le rendre odieux à ceux qui lui étaient restés fidèles. Mais on n'empêcha pas à la bonté de son cœur, de supprimer cette loi barbare de la question, qui arrachait par des tourmens affreux, des aveux imaginaires.

Cependant la faction sanguinaire de Philippe s'agittait dans le silence. Des troupes de bandits, composées de ce que le monde contient de plus profondément dépravé, semblables à ces hyènes faméliques attirées

par les exhalaisons des cadavres , accouraient des pro-
vinces méridionales , pour grossir le désordre et appeler
les Parisiens au carnage.

Dans cet état de choses si étrange , Louis s'aperce-
vant , mais trop tard , qu'il n'était pas en sûreté dans
sa capitale , forma le projet d'aller s'établir dans une
extrémité de son royaume : ses propres ennemis lui en
fournirent les moyens. S'il avait eu l'intention de fuir
sa patrie , il lui était si aisé de franchir l'espace qui l'en
séparait ; il se serait bien mis à l'abri d'être arrêté par
une poignée de misérables qui avaient un valet d'écurie
à leur tête (*) , et qui étaient la plupart sans armes.
Le fidèle Bouillé l'attendait avec des secours , mais il
préféra rétrograder que de faire verser une seule goutte
de sang ; il reprit la route de Paris escorté de cette
infâme canaille qui grossissait à chaque pas , et qui
semblait sortir des entrailles de la terre. Il fut ramené
comme un fugitif , qui allait chercher dans les cours
étrangères des secours pour le défendre et le soutenir
sur le trône , et regardé comme un traître et un tyran
par les déclamations de Philippe , qui versait l'or à
plaines mains sur cette multitude affamée.

Dès-lors sa perte fut jurée ; il ne fut question que
des moyens ; celui d'assiéger le palais des Tuileries
parut le plus sûr , espérant que le roi voudrait défendre sa vie et qu'il serait aisé de l'assassiner.

Dès le point du jour le cri de mort se fit entendre
dans les faubourgs , et principalement dans celui de
Saint-Antoine , qui avait donné asyle à tous ces étran-
gers. Le peuple se lève au bruit des tambours ; il court ,
il se presse , il s'agite ; et conduit secrètement par les
agens secondaires de la conjuration , il marche vers la

(*) Drouet est le nom de ce monstre , qui fut élevé à la dignité de
représentant pour sa récompense.

demeure

demeure antique et vénérée de nos rois. Les gardes étonnés veulent opposer quelque résistance ; dès ce moment rien ne s'oppose à sa fureur ; il fait approcher le canon et commence le carnage le plus inoui et le plus exécrable dont l'histoire nous ait fourni l'exemple. Le roi, dont on renversait le trône, le cœur déchiré de l'ingratitude de ses sujets, ne pensa même pas à opposer la moindre résistance à ce torrent dévastateur qui pénétrait jusques dans son appartement. Il crut dissimuler en se réfugiant, avec toute sa famille, dans l'assemblée des représentans de la nation, et il se précipita de lui-même dans les filets qu'on avait tendu à sa confiance.

Lâchement abandonné de sa noblesse, qui devait s'ensevelir sous les débris de la monarchie ; et la portion la plus estimable des habitans qui semblaient vouloir le défendre, s'étant rangée à la loi de la nécessité ; sans amis, sans force, sans secours, il devint la malheureuse victime de son affection pour son peuple

Grandeur des rois ! majesté suprême ! trône magnifique ! richesses immenses ! tout disparut dans cette éclipse. L'assemblée nationale persuada au monarque qu'il serait plus en sûreté au Temple, et il s'y laissa conduire pour n'en sortir que pour aller à l'échafaud.

Mais n'anticipons pas les faits : suivons ce prince dans ce gouffre abominable, où, abreuvé de toutes les ignominies, il souffrit la plus longue et la plus douloureuse des agonies, par les propos les plus outrageans, par les interrogatoires les plus indécens, et par les traitemens les plus barbares.

Des barreaux de fer étroits, qui défendaient l'entrée au jour, annoncèrent bientôt que c'était une prison plutôt qu'un asyle qu'on avait offert à ce prince infortuné. Des réquisitions scandaleuses, faites par des sbires insolens, qui ne quittèrent plus sa chambre, ne laissèrent aucun doute sur les intentions de Philippe, qui

B

voulait s'assurer de ses moindres mouvemens ; et qui
pour enivrer et accoutumer ses satellites au sang et au
carnage, venait de faire égorger tous les malheureux
qui étaient enfermés dans les prisons de Paris, en violant
inhumainement l'asile où l'homme attend dans la tranquillité et la solitude, le sort que la justice lui réserve ;
il espérait qu'après cette abominable expédition, ils
forceraient la garde du Temple, et qu'ils porteraient
leurs mains sacrilèges sur le monarque.

Mais les scélérats qui le secondaient dans ses sanguinaires projets, voulaient profiter de l'anarchie et
partager les dépouilles de la couronne, et ils ne se pressèrent pas de la mettre sur sa tête ambitieuse ; ils aimè-
rent mieux conserver un simulacre de roi, qui leur laissait les rênes du gouvernement. Si dans l'effervescence
de ces mouvemens de la révolte la plus inouie, Louis
eût péri par le fer de ses assassins, la France pourrait
espérer de se laver, aux yeux de l'europe et du monde
entier, de l'horreur de cette exécrable catastrophe.

La première privation qu'éprouva cette auguste famille, fut un ordre de la séparer. Louis fut destiné à
éprouver un jugement. Et quel jugement ! grand Dieu !
par les mandataires de son peuple, qui n'en avaient
pas le droit. Il fut renfermé dans un lieu séparé, où
il n'eut d'autre ressource que celle d'un serviteur fidèle,
qui devint le confident de ses plus secrètes pensées.
CLERY, dont le nom doit passer à la postérité, fut chargé
de la correspondance particulière qu'il eut avec ses enfans, et qui a été conservée par un de ces miracles de
la providence, dont on ne saurait rendre compte. *Sa
respectable fille, qu'une main invisible défendait des
fureurs du temps, l'avait enfermée dans une ceinture
qu'elle portait dans son corset, pour la dérober à la
dévorante curiosité de ces antropophages.*

Je n'en rapporterai que quelques phrases éparses,

qui serviront à faire connaître les derniers momens de ce malheureux prince, qu'il employait à donner des leçons de vertu, de patience, de modération, à sa malheureuse famille.

Ce n'était pas assez, *disait-il dans une de ses lettres à sa sœur la princesse Elisabeth*, de m'avoir précipité du faîte des grandeurs, dans les horreurs de la captivité et de l'infamie ; il fallait encore rendre mes malheurs insupportables, en me privant des seules consolations qui pouvaient les adoucir. O ! ma chère Élisabeth ! vous dont les grâces, les talens et les vertus eussent fait l'ornement d'un trône brillant, (*) à quelle extrémité vous a réduite votre attachement pour le plus infortuné des hommes ? Oui, ma sœur ! nous ne pouvons nous le dissimuler. Mes ennemis veulent ma mort ; mais mes jours sont comptés dans le livre des destinées, et nulle puissance humaine ne saurait ni les prolonger, ni les accourcir, etc. etc.

Dans une autre, il disait à sa Fille.

Il y a aujourd'hui quatorze ans, ma fille, que je t'ai reçue dans mes bras. Quel contraste, de cette tour lugubre où ton innocence est captive, avec ce brillant palais où tu vis la lumière ? De cette sombre solitude à laquelle nous sommes condamnés, avec ces bénédictions, ces vœux, qu'on offrait de toute part à l'Être des êtres, pour le remercier de ce présent ineffable qu'il faisait à son peuple ? De ces cris de mort, qui ne retentissent que trop dans ces voûtes funèbres, avec ces élans de joie et d'allégresse qui précédaient tes pas ? Est-ce le même peuple ? Sont-ce les mêmes hommes ? O ! ma fille ! si je succombe, comme je n'en doute pas, à la malice des monstres qui me poursuivent, quitte sans

---

(*) Quand la vertu, les mœurs habitaient sur la terre,
Le cœur d'Élisabeth était leur sanctuaire.

regret cette terre maudite où tu as reçu le jour ; porte ma tunique ensanglantée aux pieds de tous les souverains de l'europe, et demande-leur un asile contre les persécutions d'Orléans, devenu mon plus grand ennemi. Quelle prédiction, et par quel miracle s'est-elle accomplie.

En écrivant à la Reine, il développait toute la grandeur de son ame, toute la bonté de son cœur.

Qui aurait dit, Madame, que partageant avec vous le plus beau trône de l'univers, nous deviendrions, vous et moi, les êtres les plus malheureux de la terre, et que nous nous trouverions dans une situation dont les siècles passés n'offrent aucun exemple ? Respectons les décrets de l'impénétrable providence. O vous, qui me précipitez du trône que mes pères occupaient depuis tant de siècles, puissiez-vous être heureux dans ce changement ! Puissiez-vous jouir du calme et de l'abondance ! Je sens que je quitterais la vie avec bien moins de regret, si j'étais sûr que les troubles et les divisions cesseront avec mon existence. Puisse, le Dieu qui nous afflige pour nous éprouver, exaucer ma prière, et verser dans votre cœur les consolations que lui seul peut vous donner ! Pressez mes enfans dans vos bras, et que leurs tendres caresses soulagent vos douleurs.

Dans une autre lettre, il écrivait à sa Sœur.

Demain, je vais paraître à ce tribunal redoutable qui m'appelle ; je pourrais espérer d'y trouver justice et protection, si les noirs complots de Philippe ne trompaient point la religion de ceux qui le composent ; l'espérance qui accompagne l'homme jusques sur le penchant de l'abîme, vient présenter des douceurs à mon imagination exaltée ; le plus grand nombre de mes juges ont de talens, plusieurs voudraient me sauver et m'arracher à une mort ignominieuse ; mais on n'épargne rien pour égarer la multitude , et pour glacer de terreur ces juges qu'on ne peut tromper.

Le lendemain de cet interrogatoire, il écrivit à sa Sœur.

J'ai passé une nuit agitée ; j'ai vu clairement un plan de machination dans le choix des pièces à l'appui desquelles on prétend asseoir mon jugement ; *la plupart sont fausses et écrites d'une autre main que la mienne, mais parfaitement bien imitées* ; de manière que je n'aurai même pas pour moi les honnêtes gens qui composent l'assemblée ; car ils n'auront ni le temps , ni les moyens de se convaincre de la fausseté de ces pièces : mais j'emporterai en mourant les sentimens de mon innocence , et je ne regretterai pas la vie , si , en assouvissant la rage qui nous poursuit , mes bourreaux vous rendent la liberté et le repos que vous n'auriez jamais dû perdre.

Le peuple se pressait sur mon passage comme aux jours de ma puissance ; mais le visage hâve et livide de certains , la contraction de leurs muscles , le feu sombre qui sortait de leurs yeux , la menace , et l'insulte qui errait sur le bord de leurs lèvres , me présageaient le sort que me préparent mes juges , qui n'auront pas la force de m'absoudre , quoique convaincus de mon innocence.

Quelque philosophie qu'on ait , quelque raison qu'on puisse avoir d'être délivré d'une existence douloureuse , le vœu de la conservation se fait entendre par intervale au fond du cœur...... mais je me flatte que Dieu ne m'abandonnera pas , et qu'il me fera part des biens qu'il destine à ceux qui en sont dignes.

Dans ce même temps il écrivait à son Fils , comme Mentor parlait au fils d'Ulysse.

Je vais commencer une année , que selon toute apparence , je ne verrai pas finir. Ah ! mon cher fils , que le Dieu tout-puissant que j'implore exauce les vœux que je fais pour vous ; c'est sur vous que je pleure ; que l'exemple de mes malheurs vous serve de leçon. Aucun monarque sur la terre n'a aimé le peuple confié à ses soins plus sincèrement que moi ; je ne formais d'autres vœux que de le rendre heureux , et vous le voyez acharné à ma mort.... ; ce n'est pas la perte du trône qui m'afflige.... Te préserve le ciel , ô mon fils ! d'être jamais forcé de remplir cette tâche dont l'élévation rend la chûte si terrible ; mais je crains que livré aux soins perfides des méchans, tu perdes les principes d'honneur dont ton ame était pétrie, et que ton éducation (*) , confiée à des scélérats , ne corrompe ton cœur. Que le malheur développe votre raison ; ne vous laissez effrayer par aucune menace, et sur-tout ne cherchez jamais à tirer vengeance des maux que je souffre ; oubliez les outrages dont on m'abreuve, et récompensez autant que vous le pourrez les serviteurs fidèles et les amis qui m'ont donné des marques non équivoques de leur attachement ; le mien pour toi , mon cher fils , durera jusqu'au dernier battement de mon cœur.

Voici la dernière lettre qu'il écrivit à la Reine.

Tous mes juges ont décidé que j'étais coupable. Ce sera pour la postérité une chose assez surprenante que cette unanimité de suffrages , sur une question qui ne pouvait se décider qu'après l'instruction de plusieurs années...... Ainsi, que je vive ou que je meure, j'emporterai l'idée qu'un million d'hommes, trompés par cette fatale unanimité, m'auront cru capable de les avoir trahis. Louis sera surnommé le tyran ;.... cette idée me cause une douleur que je ne puis exprimer... Ah ! qu'ils votent à présent ma mort, ils me rendront service. Comment peut-on supporter la vie, quand elle est si horriblement flétrie ?

(*) Elle fut confiée à un Savetier.

L'europe me paraît un vaste tombeau.... Pardonnez à mon abattement. -- Je retrouverai mon courage quand il faudra mourir.... demain mon sort sera fixé ; adieu.

La veille de sa mort, il donna lui-même la nouvelle de son jugement à sa famille éplorée.

LA MORT ! tel a été le cri terrible dont mon jugement a fait retentir la salle. Cinq suffrages ont fait décider de mon sort ; peut-être de celui de la nation. Je ne puis vous en dire davantage dans ce moment où la nature reprend ses droits..... Je vais me recueillir devant la Divinité que j'adore , pour lui demander la force d'avaler le calice qu'on me prépare..... Ma porte s'ouvre ; c'est mon arrêt qu'on vient me signifier avec une pompe barbare......... Il faut l'entendre..... Encore un jour , et j'aurai vécu.

Providence éternelle , Religion sainte , adoucissez les derniers momens qu'il offrait à la Divinité , en la priant de lui continuer le courage nécessaire pour l'achèvement de son sacrifice ; les pages funéraires de cette lamentable nuit vont se remplir par l'abbé de Fermont son confesseur.

Je suis bien faible , n'est-ce pas , M. de Fermont ? Mais j'espère que Dieu ne me fera pas un crime de l'avoir oublié un moment pour penser à ma famille.... Hélas ! elle ne me verra plus.....

Je lui proposai alors de recevoir le pain eucharistique; il fallut en demander la permission aux membres du Conseil , qui objectèrent que je pourrais l'empoisonner dans une hostie... J'invitai pour-lors ces honnêtes municipaux de me fournir eux-mêmes les objets indispensables à la célébration des saints mystères ; après une longue délibération , ils y consentirent.

Il se coucha une heure après , et s'endormit , épuisé de douleur et de fatigue.

Le bruit des armes et des canons, les clameurs des troupes, avec le roulement lugubre des tambours, annonça que le moment fatal était arrivé.... Il s'éveilla; son front était serein, il n'avait rien perdu de sa tranquillité.... Et voyant entrer Santerre qui commandait le cortège, il se leva, et dit d'un ton ferme et animé : *Partons.* Il voulut remettre un papier à un prêtre nommé *Roux*, qui lui dit : *Je n'ai ordre que de vous conduire à l'échafaud.*

Les bourreaux s'étant emparés de la victime, j'étendis ma main sur lui, en lui montrant le séjour de l'Eternel, et je lui dis : *Allez, fils de Saint Louis, montez au ciel.*

Modérons notre douleur, que nos sanglots étouffés nous permettent de finir.... Hâtons-nous.... Je sens que ma vue s'offusque, et que ma plume se refuse à tracer un si cruel attentat.... Il mourut ce grand Prince avec la fermeté héroïque de ses ancêtres, à la fleur de son âge, réunissant à la piété de Louis IX la tendresse paternelle d'Henri IV.

O ma Patrie ! que ce funeste événement ne sorte jamais de ta mémoire...... qu'il soit l'objet éternel de tes regrets.... Représente-toi plus de cent mille familles mutilées ou flétries, accablées sous le poids de la misère et du désespoir, des Contrées entières dévastées par le fer et le feu, toutes les fortunes des particuliers détruites ou indignement violées, son sol brûlé comme par le feu du ciel, ne présentant au voyageur étonné que des ronces et des épines..... et dis que c'est la mort de Louis qui t'a couverte de ce drap mortuaire, tandis que l'Ange du Seigneur l'ombrageait des palmes de l'immortalité.

F I N.